AF192061

für
M.B.

**augenblicklicher
milchschaum**

„lyrik ist wie sex!"

Wilhelm Heim

Herstellung und Verlag:
Books on Demand GmbH, Norderstedt
ISBN 978-3-8423-7781-3

Inhaltsverzeichnis

Herbst

So hell
So friedlich
So lieblich
So kommt der Herbst daher.
Ganz mild
Ganz fein
Ganz rein.

Sehnsucht

Bin müde vom Herumreisen,
bin müde vom schnellen Leben.
Suche nach der Sonne,
suche nach ihrer Wärme.
Will nur nach Hause,
will umarmt werden.

Der Moment

Man glaubt,
den Moment herbeiführen zu müssen.
Man glaubt,
Verantwortung zu haben.
Man glaubt,
das Knistern erzeugen zu können.
Man glaubt auch,
dass nichts zufällig ist.

Doch der Moment
ist unwiderruflich.
Er kommt,
wenn er kommen will.
Und er verweilt,
wenn er verweilen will.
Verantwortung liegt in ihm selbst.

Er ist das,
was das Eine ausmacht.
Er ist die Quelle
für das Fühlen.
Er stiftet Nähe.
Und er gibt uns Erhabenheit.

Der Moment
gewinnt die Stille
und lässt uns
gelassen schweigen.

Sinnlichkeit

Weich wie das Morgenlicht,
zeigt sich Sinnlichkeit
in deinem Blick.
Verführst ohne Worte
in Demut vor der Schönheit.
Ein ungewohntes zartes Gefühl
durchstreicht mein hartes Selbst.
Der Tag beginnt …

Was ist Versunkenheit?

Ein weiterer Wochentag endet.
Ein Samstag startet.
Ein Tag des Jazz.
Ein Minutenensemble
der fröhlichen Ironie.
Eine Konversation
der Komödie mit sich selbst.

Ein Zusammenfallen von Ton und Wort.
Ein befriedigendes Bedürfnis
nach Wärme begreift die Welt.
Ein Sessel der Aufrichtigkeit entsteht.
Ein kuscheliges Arrangement
kühler Kolatsche.
Eine lamellenförmige Lichtregie
lauwarmer Laute.

Ein temperamentvolles Tempo
türmt sich auf.
Ein Zweifel - zittrig und zinslos - zeugt
Eine rustikale Ruhe.

Lebenssong

dies ist wirklich nur ein versuch
einer wahrnehmung von welt und ich.
es gibt keine lösung, keinen ausweg
aus dem absurden, nur eine erhellung.
vielleicht eine berührung dessen,
was wir im ich und der welt
finden wollen.
vor mir, im teil-sein des windes
und des sonnenscheins,
des grünen grases,
im anblick der lachenden eichenblätter
rücke ich näher zu mir.

meine worte sind meine augen.
und doch weigern sie sich einzufangen,
was ich in licht getaucht vernehme.
angespornt von euphorie,
stoisch im blick
auf die buchstaben,
die nur wortgerinsel sind,
jamme ich meinen lebenssong.
und der heißt:
schreiben.

jumping jolly

es ist unverwunden
es ist ehrlich
es ist heimelig
es ist bedeutlich
es ist klar
es ist piratisch
es ist dellig
es ist lustvoll.

Handschriftenjazz

aufrechte gier nach handschrift
schon in dieser woche
noch vor dem wochenende.
hmpf.
ist das möglich?
handschriften als etwas tiefgründig
exemplarisches.
lakonisch ausschweifend.
mächtig in der wirkung.
so wie der alte jazz.

unermessliches gepurzeltsein

unermesslich
hineingepurzelt.
in deine stimme.
in das weiche berühren
der laute.
in das senken
der endbetonung.
in deine ehrlichkeit.
in die neue bedeutung.
in die gier nach dir.
in bedürftigkeit
nach aufmerksamkeit.
nach angenommenheit.
die hülle deiner worte
blinkt wie das gelb und
das orange.
noch intensiver
jedoch.

Machtwörter der Zuneigung

sich verlieren
sich berühren
sich begrummeln
sich bekuscheln
sich besprechen
sich bedingen
sich mitteilen
sich offenbaren
sich sehen
sich verwildern
sich annehmen
sich bemerken
sich ausdrücken
sich nützen
sich riechen
sich zerstreuen
sich kreiseln
und sich erschließen.

Kontemplation

Der Moment der
Kontemplation ist
eine Perle.
Tief ist nach ihr zu
tauchen im Alltag
der Uhren.
Und doch findet man
sie nicht im Ozean
der Hektik.
Die Entdeckung dieser
Perle ist ein schöpferischer
Akt im eigenen Charakter.
Eine Tat zwischen
Verstehen und
Nicht-Verstehen.
Gehalten durch das Band
des gefühlvollen Rationalismus,
der eine agnostische Fahrt
aufnimmt, wie die Pariser
Metro an jedem Pariser
Morgen.
Kontemplation ist nur
ein Kurzstreckenticket.
Der Moment der
Kontemplation ist
ein traumhafter Ort,
um die Zeit anzuhalten.
Kontemplation ist
Gemütshygiene.
Kontemplation ist
Gestern, Jetzt und Morgen.

Zähneputzen

Das Zähneputzen,
durchaus eine philosophische Tätigkeit.
Hin und her.
In Unruhe.
Im Spiegel stets den Blick.

Selbsterkenntnis?

In den Zwischenräumen des Lebens
nach den kleinen Dreckstsückchen
schauen.
Manchmal hat auch die Wahrheit
Parondentose.
Der wache Geist als Zahnseide.
Nietzsche als Oral B.
Morgens Platon
abends Wittgenstein.

Am Bahngleis

Ein Klick, ein Blick.
Plötzlichkeit.
Ein im Auge liegender
feuchter Schwermut.
Plötzlichkeit.
Die Tür des Unglücks
weit geöffnet.
Plötzlichkeit.
Die Treue des
Todes ganz nah.
Plötzlichkeit.
Treue, die niemand
will.

Ein Mord.
Ein Selbstmord.
Ein sonderbarer Freitod.
Plötzlichkeit.
Unbearbeitete Vergangenheit
salutiert am Bahnübergang
des Lebenszuges.
Unfaßlichkeit.
Vergänglichkeit.
Endlichkeit.
Und wieder:
Plötzlichkeit.

Ein Briefwechsel
zwischen Sein und
Nicht-Sein.

Ewigkeit.

SchwarzWeiß

wo schwarz und weiß sich trinken,
bleibt ein wurmiges gefühl.
wo schwarz und weiß sich trinken,
entsteht eine mythische leere.
wo schwarz und weiß sich trinken,
spürt man blut im munde.
wo schwarz und weiß sich trinken,,
schreit ein mund.
wo schwarz und weiß sich trinken,
treibt realismus sein kühles spiel.

immer mittwochs

die zeit ist steinhart.
die zeit ist samtweich.
alles immer mittwochs.

das radio tönt stummleise.
das radio tönt lautdonnernd.
alles immer mittwochs.

das papier wartet schneeweiß.
das papier wartet übervoll.
alles immer mittwochs.

der feingeist fühlt haarklein.
der feingeist fühlt titanengroß.
alles immer mittwochs.

das gedicht, das mit absicht
dieses spricht:
„das alles immer mittwochs?"
der drollige mittwoch
schweigt selig vor sich hin.
alles immer mittwochs.

sachliche romanze

nachdem sie sich wochen kennen,
verlieren sie plötzlich
die farbe des anfangs.
und sie betreten
den spielplatz des ungezwungenseins.

sie sind abenteuerlich,
ganz ohne bindung.
versuchen frei zu sein,
als ob es nie anders gewesen sei.
und schreiben sich
von körperliche tiefe
und von vorlesenden bäuchen.

von dellen aus
kann man buchstaben senden.
er sagt, er wolle an einem
donnerstag reisen
und sachlich bleiben.
sie schmunzelt lustvoll.
draußen fallen schneeflocken.

sie verkrümeln sich
in ein schummriges dunkel
und reiben sich schwitzend.
am abend reiben sie sich immer noch.
sie genießen die lust,
und das herzklopfen
und können es einfach nicht fassen.

anthologie der wochentage

samstag jazzt
sonntag googelt
montag erfindet
dienstag lacht
mittwoch drollt
donnerstag schläft
freitag rechtfertigt
den jazzigen samstag.

ballade von wittgenstein

denken
als quellwasser
der sprache.

zeichen
als leuchttürme
der orientierung.

worte
als träger
des ausdrucks.

sätze
als ankerketten
der mitteilung.

texte
als sortiment
der gefühle.

das spiel
als odyssee
des philosophen.

weltlicht

I.
eine welt
erblickt
das licht.

ausgemergelt
eingeknickt
soll's nicht.

ein langsames rennen
mit wolken voller sand.
wie ein straßenkind.

nicht schlafen können
gepiekt vom szenenbilderband.
immer noch blind.

II.
eine welt
erhellt
ein licht.

entfesselt
enthüllt
eine seelenpflicht.

ein schnelles rennen
express ins schöpferische.
euphorischer elan.

endlich sehen können
endlos das ästhetische.
ein eleganter lebensplan.

III.
eine welt
gleicht
einem licht.

aufgemummelt
streicht
sie ein morgengedicht.

ein schräges rennen
ein scholliger spaziergang.
ein genießendes sich umschauen.

das leben anerkennen
ohne hauptausgang.
der welt sich anvertrauen.

Verzückt

ob
weihnachten
oder nicht,
in jedem
fall,
ein moment
der kontemplation.

dazu zitronenreich
ein etwas,
was
verzückt
das leben.

das besondere

ein universum
symbolisch
verzweigt.

das auge der augen.
die hand der hände.
das buch der bücher.

der vertrag der verträge.
die sprache der sprachen.
der begriff der begriffe.

das erlebnis der erlebnisse.
voll mit abenteuer.
voll mit dem pochen der herzen.

dreharbeiten an lebensliteratur.
lange szenen.
ungeschnitten

unplugged.
direkt.
hart.

sich auseinander reißen
und wieder
aufeinander prallen.

verfliegende filmmusik.
keuchende stimmen.
nahe am stöhnen.

triumphszenen.
lautes surren der gefühle.
erhabene körperromantik.

rollenspringen.
couchgeflüster.
linienführung.

das alltägliche.
das persönliche
und das besondere.

echt

standpunkt der maxime
kategorisch verblümt
grundlegend widerspruchsbeladen.

neigende lesart
mannigfaltig
pflichtwidrig.
und trotzdem gut.

reaktionäre reine reihe.

herz verrutscht

wenn das herz verrutscht ist,

dann zeigt sich der alltag.
dann zeigt sich das persönliche.
dann zeigt sich das besondere.

und dann hüpft
das herz
vielleicht
zurück.

schneeschmelze

unverholen
schmilzt der schnee
mit hingabe
an die neue zeit.

wird weich
wird klar
wird rein.

er schafft träume
voller zuckerstangen.
träume ohne
faschingsfeten.

entstehend ein trubel
der gefühle.
entstehend ein schaufenster
der herzen.
entstehend ein picknick
des lebens.

genießen

genießen
ist wie durchatmen.
ganz tief
und intensiv.
genießen
ist wie in sich gehen.
erhellend
und spannend.
genießen.
genießen
ist wie seilhüpfen.
bewegend
und punktuell.
genießen ist
ein unverzichtbares
accessoire
des lebens.

picknickdecke

ergriffen
und umaramt
von der eleganz
des daseins.

dem charme
des picknicks
erlegen.

die dramatik
des einfachen
erspürend.

ein erblühen
von welken
blättern.

ein umschlungensein
von der picknickdecke
des lebens.

der, der ich bin

der, der ich bin (…)

einer, der da ist,
wenn die sonne friedlich winkt,
wenn die tropfen höhnisch prasseln.
wenn der wind verzagt erzählt,
wenn die wellen zornig klatschen.

einer, der da ist.

der, der alleinsein kann.
der, der lenkt.
der, der im nebel atmet.
der, der geschichten erzählt.
der, der in seiner langsamkeit
            unglaublich intensiv ist.

Bänke

Bänke taugen
Zum gucken.
Zum kaffeetrinken.
Zum lesen.
Zum schreiben.
Zum knipsen.
Zum kennenlernen.
Ohne sucher.

gelassenheit

gelassen
treibt sich
das leben
um einen menschen.

gelassen
lässt der
mensch
das leben um sich
treiben.

ausgelassen
verneigt er
sich voller
respekt
vor dem moment.

gelassen trägt
er momente
des göttlichen
innehaltens.

gelassen
feiert er
moment des
aufstehens.

menschenwürde

sie würden
ihr würdet
wir würden
er/sie/es würde
du würdest
ich würde
menschenwürde(n).

philosophie des wartens

der bahnsteig
trifft auf
seine leere.

der wartende
trifft auf
seine abfahrt.

beide ohne zug.
beide zeitverwickelt.
beide in seelennot.

wer wartet, kennt
jeden grashalm
jeden zigarettenstummel
jedes hinweisschild
jeden papierschnipsel
jedes steinchen
jeden löwenzahn
jede ankunftszeit und
jede abfahrtszeit.

der wartende
unterliegt
einer dubiosen
hoffnung auf
ein glückliches
ende.

der bahnstein
ergötzt
sich am
wartenden.

solange der
wartende
wartet,
stirbt er.

erweckt er den
mondschein,
wird das
warten zum
philosophieren.

philosophiert
der wartende,
wird das warten
zum erlösenden
befreiungserlebnis.

dem licht entgegen

dem licht entgegen
ertönt eine helle stimme.
hört sich selbst
als pilger der wahrnehmung.
stottert die scheinlogik der natur.
dabei ist alles nur fühlen.

ostbahnhof

ein ort
mit dem
gewissen
etwas.
etwas
ursächliches
mit
bewegungspotential.
ein ort
mit
etwas
etwas kreativität
mit
springpotential.
ein ort
mit
etwas
etwas
farbigkeit
mit
zerwühltheit.
ein ort
mit
etwas
etwas
warten
mit spirit.

let's get wet

lebenstüchtigkeit
charme
frechheit
lässigkeit
schalkhaftigkeit
ungezwungenheit
wehrhaftigkeit
direktheit.

wortbrunnen

dieser
wortbrunnen
ist tief.
verwickelt
sind buchstaben
mit
unbeherrschten
aufbrausenden
gedanken.
ein
strick
hängt weit
hinein.
ungezwungen
baumelt
der holzeimer
und
schwimmt
ganz unten
auf der
wortoberfläche
im
wortbrunnen.

das herz

das herz
als kolumne
der bedürfnisse.

nach körper
nach gefühl
nach bewegung
nach ausharren
nach durchatmen
nach verschmelzung
nach smoothie.

ostbahnhof zwei

weltbegegnung
am ostbahnhof.
fallenlassen
hochspringen.
wegfahren.
geschäftiger
gefühlsbahnhof.
wartehallen
voller
zweisamkeit
schalter
voller
berührungen.
aufschlussreiche
blicke.
tiefes begehren
des anderen.

allein

im
alleinsein
begegnet
das wirkliche.
das wirkliche
ist das ich.
nicht mehr
nicht weniger.
das ich
ist damit
ein
aufschlussreicher
aspekt
des wirklichen.
ein kunststück?
nein!
nur eine
trumpfkarte
der kehrseite.

Gänseblümerich

eine
insel
für liebespaare.
ein
ort
für frühes erwachen.
ein
impuls
für ausführlichkeit.
eine
heimat
für verschmelzung.
eine
pflicht
sich selbst
zulieben.

lebenstafel

aufgestützte
ellenbogen.
sehr intensiv.
gnadenlose seelenwärme.
sich selbst überlassenes
fühlen.
unbehangen die
seelentafel.
unschuldig frei von
kreide.
aufgeklappt für
lebenssinn.

Eleganz der Langenweile

Ende der Woche.
Es.
Noch kein freier Tag.
Aber fast.
Startschießend
der Freitagskaffee.
Ein sich Lösen
vom Gepresstsein.
Eine erste
blaue
Minute.
Eine Anapher
des Lyrischen.
Reine Replik
auf die
permanente
Kussmöglichkeit
der Langeweile.

gutes foto

weil es ruhiges werkeln ist.
weil es gutes arrangement ist.
weil es vetraut ist.
weil es zart ist.
weil es die welt neu entwerfend ist.
weil es ermutigt.

zurückgelassen

maximen des willens
auferstehung der lebenskerne
gestalt privater mitteilung.

lebensinterpreten
verlassen die bank
der deutung.
voll der gedanken,
voll der worte
voll der blicke.

die sprache
des alleinseins
ist nicht
die sprache
der einsamkeit.
jene ist
die sprache
der konstruktiven
erinnerung.

ostbahnhof drei

eine kollektion
von lachen
und grinsen
schwebt über der wiese.

ein kleefeld
erhebt sich
aus dem sein.
erhaben erzählt
das kleefeld
von seinem
leben.

verflucht jeden
fußtritt und
lobt jede
umarmung.

Die Ausreißer

Zwischen Provokation
und Selbstbewusstsein
rücken Ausreißer in die
Welt hinein.
Sie kämpfen nicht
um schöne Aussichten.
Nein!

Leben wollen sie.
Überwinden wollen sie.
Überspringen wollen sie
die Massenkultur.
Einzig sind sie.
Eingängig reißen sie
Mauern ein.
Atemlos reißen sie
sich los
von der eigenen Geschichte.

Mit tiefer Hingabe
verströmen sie
liebende Zuversicht.
Erbarmungslos
legen sie Seelenwege offen.
Sind abgestürzt.
Sind aufgestanden.
Romantische Herzen prüfend.

In Sommernächten vor
Leid sich windend.
Unspektakulär warmherzig
der leidenden Verflachung
kraftvoll entgegentretend.
Sie spielen symbolhaft
ein Lebenstheater.
Sie spielen hüpfend
das Puzzle der Seele.

dialektische herzbewegungen

Mein Herz
zerrückt,
zerdrückt,
zerpflückt.

Es flieht.
Es kämpft.
Es leidet.

Wehklagend.
Wünschend.
Wollend.

Es zürnt nicht.
Es versucht.
Es kleidet die Wunden
    mit Vanillepudding aus.

süßer milchschaum

süßer milchschaum
als krone des wortcafés.
die kleinen milchbläschen
als symposium
der liebenden zuneigung.
hüpfend und springend
von lippe zu lippe.
tanzend auf zungenspitzen.
das weiß als reines
brautkleid für die zungenhochzeit.
sich auftut der horizont
für das erhabende.
reizend ist der luftige
aufschrei des anmutigen.
gewichtig wächst der sich
umschlingende blick
der zwei augenpaare.

spring doch

ein harmloser spaziergang
erstarrt das dunkel des abends
erscheint zerrupft ein haarkleid
ergreift heimelig der wind selbst die
    hände.

die zeit ist reif
aufzuschauen
mutig zu sein
zu sprechen
sich mitzuteilen.

jedoch
johlt das herz
jauchzt der farbenjoghurt
jammt erneut der wind.

innehalten.

die zeit ist reif
das dunkel hell werden zu lassen
fortzuschreiten
anzukommen.

spring doch
in den joghurt des lebens
koste
die kaugummies im joghurt.

spring doch
in die pfützen des sommerregens
hüpfe
diesen spaziergang in die freiheit.

der kühne vorreiter

er ist ins leben vertieft,
er hat seinen reiz bestimmt und
er hat sich sinn gegeben.

seine möglichkeiten ausschöpfend,
seine kapitel lesend und
seine zeichen gedeutet.

er hat mut gesammelt,
er erzeugt wärme und
er ist ins leben vertieft.

seine tränen berühren,
seine entscheidungen tragen und
sein ich ist energie.

Der große, kleine Junge

Wir sind alle Kinder der Zeit.
Von gestern.
Von heute.
Von Morgen.

Der kleine Junge wurde geboren
als Kind seiner Zeit.
an einem Ort seiner Zeit.

Der kleine Junge rennt fortan
durch seine Straße.
Niemand schläft ruhig.

Der kleine Junge springt
kraftvoll. Ganz hoch.
Sanft landet er. Ganz fein.

Auf einem roten Teppich.
Seine kalte Haut
will eine warme Berührung.

Alle, die ihn tanzen sehen,
die rufen: „Ein Held!"
Der kleine Junge schluckt:

„Ich weiß nicht,
ich bringe
das nicht raus."

Der kleine Junge grinst,
griff seine Turnschuhe
und war jetzt ein großer, kleiner Junge.

bewegungen

bewegungen
sind wie seelennöte.
bewegungen
sind veränderungen.

sie begleiten
menschen
sie umarmen
erlebnisse.

bewegungen
sind gefühlskonzerte.
bewegungen
sind brillianzen.

sie erzählen
lebensträume.
sie tun kund,
die stille.

die sanfte herzensfrau

dasein emporgehoben
aus sich kreuzenden wurzeln.
lebendes so kräftiges
selbstbewusstsein,
das nicht wegzuradieren ist.
es klemmt wie ein handzettel
an wischerblättern
der windschutzscheiben
parkender autos.
gebleicht von der sonne.
feucht durch den regen.
getrockenet durch den wind.
es ist ein fundplatz.
und ein moment
des unverfälschten glücks.

die fotografin

die fotografin
gibt einblick.
sie umschreibt
die schwierigkeit
des träumens.
sie umarmt
den weitenblick
der seele.
sie trifft
auf mehr
als nur
die allgemeinheit
von gefühlen.
sie vollzieht
den akt
der abbildung
an sich selbst.
sie genießt
goldene schöpfungskraft
und erschafft
sich neue blicke.

sonntagmorgenmoment

die momente,
in denen wir
auf flauschigen
decken,
teppichen und
sofas - eingehüllt
in einen sonntagmorgen -
rumtollen, ja - diese momente
sind wahrlich selten.

wir wollen uns lieben,
wir wollen uns reiben,
wir wollen uns spüren.

schauen
uns tief in die seele.
nehmen
uns fest in die arme.
schreiben
uns - endlos -
buchstaben auf die haut.

die gattungs-eitelkeit

das allzumenschliche treibt
mich durchs leben.
so trage ich mich selbst,
ich erteile mir existenz.
ich erlaube mir kunst.
ich erlaube mir das sehen.
ich bin frei und ohne zwecke.

im freien spiel mit dem ich.

ich streife oft
die haut des alltags ab.
ich mache oft
stadtläufe ohne ziel.
ich fahre immer
auf grünen fahrrädern.
ich lese notwendig
verbotene zeitungen.
ich spanne regenschirme auf,
wenn die sonne nicht scheint.

schillernd

schreite ein stück des weges.
steige ein ins gelbe taxi.
löse einen fahrschein
in die welt des scheins.
in die welt der ideen.
werde idealist.

ein hui

ein hui
verzagt niemals.
weil ein hui
ein nettes ist.

ein hui wird
an einen strand
gespült,
wie eine träne
lachen kann.

so wie die regentropfen
nach oben fallen,
wenn der kaffee
täglich schmeckt.

windworte

zufrieden weht der wind
in die freiheit.
ergeben schafft er
szenen und menschen.
erstaunlich
ist seine grafische kraft.
wie in einem stummfilm
malt er still
seinen sonntagsessay.
ohne ein einziges wort.
und dennoch spricht er
ganz laut mit uns.

fragenstellen

ein tippen auf die schulter
ist wie ein fragen
nach dem richtigen moment.
die antwort
gibt der augenblick.

fragen ist manchmal,
als wenn dich
in der straßebahn
jemand anlächelt und
mit den augen zwinkert.

wie eine seelenberührung.

die silouette von zuneigung
huscht dann über
den augenblick.

antwort und frage wandeln
händegreifend und spazierengehend
durch die welt der neuen gedanken.

eine atmosphäre
permanenter kussmöglichkeit.

fragen ist sich-zeit-nehmen.
antworten ist sich-zeit-geben.

beides
geht über den augenblick hinaus.
und so wird der spaziergang
zu einer vitrine
der aufbewahrung
von inneren gefühlen.

die antwort des einzelnen

sensibel.
verträumt.
in sich eingehüllt.

gedanken wiegend.
gedanken spielend.
in die weite sehend.
in der nähe fühlend.

bestimmt.
bedeutsam.
beständig.

caférumpler

schulterriemen.
breit für worte.
breit für symbole.

schultern.
da für tränen.
da fürs anlehnen.

cafe.
süß fürs genießen.
süß für die augen.

selbstgewissheit

verweht ist der blick.
vernetzt sind gedanken.
geblinzelt ist die sonne.
angelacht sind ihre arme.

treu ergeben erhebt
sich ein mensch.
treu ergeben
nur sich selbst.

gezogen von der spielenden liebe.
erweist sich der mensch
als eine heldin
des suchenden blickes.

die zeitenwaage

der ozean.
seelen schlendern strandwärts.
ein beneidenswertes blickfeld.

die zeitenwaage wiegt
ein meer an tränen.
sie erzählt von momenten
der einsamkeit.

die zeitenwaage entsagt
dem funktionierenden jetzt.
sie verklärt das einsame gedränge
am strand.

die zeitenwaage misst
jeden gepaarten schritt.
sie erbettelt
ein kristallklares ja.

wenn die zeitenwaage umkippt,
dann hören die spazierenden
ein freies geflüstertes:
"nehmt mich mit!"

hommage an alles und nichts

ich rannte ein stück.
unentwegt.
unter leisem flüstern
der straße küssten sich zwei.

unangetastet vom gedränge
fiel der schnee
in einen dämmerzustand.
wie ein held nach seiner tat.

angehauchte milchglasscheibe.
panik des atems.
liebe zur morgenluft.
schmerzende narben.

setze mich auf den fenstersims.
beugte mich nach vorn.
sprach - das herz spaltbreit geöffnet:
"na, süße!"

kannst du es hören

du kannst es hören,
dieses leise leise lied.
verklärend bis in die augen,
kommt es säuselnd wie der wind.

ohne zu vergessen,
klingt schimmernd dieses lied.
die macht der worte,
sie ergreifen meine seele.

dünn, fast unsichtbar,
garantiert wie liebe.
ohne zu vergessen,
klingt schimmernd dieses lied.

das entsetzliche ist schon
geschehen

stille.
krieg.
leberwurst.
kleine löffel.
einheitlichkeit
der massenkultur.
ein geschrumpftsein
in jeglicher entfernung.
bloßes denken ist
die verblühte blume
in der ferne.
bedenken
ist persönliche
begegnung.
nähe ist tätigsein.
nähe ist unmittelbares geschehen.
bedenken ist die eigenständige
überwindung der entfernung
zum ding.
bedenken
ist die begegnung
mit dem entsetzlichen.
der ernstfall.
der ursprung des künstlers.

novemberhimmel

wenn die zweige
die blätter
fallenlassen,
dann schreiben
sich neue geschichten
von selbst.

herbstliche
gefühlskonzerte.
notierte
herzenswerte.

umtriebig fahren
fühlende
durch die wälder
an straßen.

suchen
berührung,
suchen
hände zu ergreifen.

finden vergebens
nur den herbstlichen himmel.
den, der das weiß
der unschuld entbehrt.

abglanz der erinnerung

nichts als
das stundenlange
betrachten des einen
wird den ursprung
deutlicher entwickeln.

nichts als
das wurschteln
in verflochtenen
gedanken
begreift die erinnerung
als süße herbstmilch.

blutende blumen,
fabelnde väter,
mühende mütter,
verfickte freunde.

es geht
um nichts anderes
als um ein
sich zeitlassen.

es geht
um nichts anderes
als um ein
stichwortgeben.

es geht
um nichts anderes
als um ein
zuhören.

kein hinterhältiger
kampf um vergangenheit.
keine garstigen
fragen zum anfang.

es geht um
innehalten.
ausleben.
kräftigsein.
rauslassen.
größe entwickeln.

alles
in seinen
zartesten formen.
nicht
um abglanz,
sondern
um glanz
der erinnerung.

bis das notizbuch endet

die entfaltung des sein
ist wie das lesen
eines vollgeschriebenen
notizbuches.

das fühlen
von donner und blitz
von mundart und sprache
von worten und poesie.

das wärmen
an bildern
an dingen
an bauchschmerzen.
bis das notizbuch endet.

bloße krümel des schreibens

schreiben.
die liquidation
des tristen alltags.
alltag in einfachsten
facetten - der kern
des schreibens.

schreiben.
ein unterrichten
der eigenen seele.
seele in ungemächlichen
aspekten – die hülle
des schreibens.

schreiben.
das öffnen
des lebensrucksacks.
der rucksack als wilde
gegebenheit – vorort
des schreibens.
schreiben.
das vernehmen
der eigenen eitelkeiten.
eitelkeiten in weicher
winzigkeit – bloße krümel
des schreibens.

glücksglimmertage

die geschichte des glücks
ist eine geschichte des kleinen.
zart und unverhohlen
erzählt sie von dir.

von den kleinen punkten.
von den niedlichen blicken.

und wenn der kleine punkt
groß wird,
und wenn der niedliche blick
erwachsen wird.
dann - ja dann - ist die
geschichte vom kleinen glück
ein buch vom großen glück.

was ich mit dir tue ….

vielleicht
springe ich mit dir gemeinsam ins wasser
tänzle mit dir auf einer mauer
dufte dich an
wandle mit dir
auf dem pfad des triumphes
dichte unermüdlich am lebenslied
berühre herzklopfend deine fingerspitzen
konstruiere zufällige begegnungen mit dir
mache augenmusik
schleife alte kommoden für dich ab
gestalte sofalandschaften
sperre uns in umkleidekabinen
kichere mit dir über das herbstrauschen
bleibe mit dir beim filmabspann sitzen
verkläre jeden deiner frühstückskrümel
verwechsle meine mit deiner zahnbürste
begrenze die stille auf uns selbst.

so als ob nichts, aber auch gar nichts
unseren beiden seelen den sinn entziehen
kann.

zottelwesen

feenartig und seelartig
kommt die herzsprache
daher.
umgeben
von einem leichten schein
des unscheinbaren.
von dem das du
auf das ich
hinübertänzelt,
einschlummert,
die augen aufschlägt
und zu erzählen beginnt.

eine bewegende behaglichkeit
erfüllt die seelenküche
mit einer freundlichen gelassenheit.
das raue herbstklima
erfährt mehr an tiefe
als der sommer je vermochte.
wenn immer mal wieder
jemand weint,
dann sind es geduldige tränen.
tränen der liebe,
tränen der seele
tränen des ich
tränen des du.
so wird die raue wahrhaftigkeit
zu einem streichelnswerten
zottelwesen.

wenn ein buch

erfasst ein buch
meine augen
umgarnt mich stets
ein peinliches glück.

sinnenhaft
weitherzig
schüchtern.

unablässig stampfen
mit purpur belegt
die buchstaben
seite für seite
vor sich hin.

magnetenhaft
erziehen sie
mein ich.
flattern die seiten
wie segel
an meinen fingern.

aufgelockert
aufgewühlt
strecke ich
mich hin.

"weh dir!"
ruft die
letzte seite.
triumphiert
als siegerin.

verwundet
bin ich stets.
durch peinliches glück.

und doch werd'
ich nicht feige.
in lagerhallen
voller zeilen
immer wieder
neu zu verweilen.

das grün

ganz ohne floskel
kommt das grün
gesprungen.
ganz ohne umweg
umarmt es diese welt.
ein wetterleuchten
vermag den kuss zu geben,
ein mondblinzeln
seufzt verliebt dann vor sich hin.

das grün.
das lacht.
das lebt.
das schmiegt sich an.

der ort, an dem es wohnt,
der ist verzaubert.
die farbe, die es hat,
die ist beseelt.

der kleine erzähler

der kleine
erzähler
verfliegt
mit seinem rauch.
ohne tempo,
ohne hast,
ohne gereiztheit
murmelt
er einen
wortkuss
zum abschied dahin.
er schüttelt
die ziellose jagd
nach neuer glut
behend ab.
schwankt kurz,
verschraubt
die sehnsucht
und
formuliert
aufs neue
ausgebeulte worte.
umsäumt von
zartem rauch.
die schildmütze
tief ins gesicht
gezogen,
knistert seine
seele.
und die gedanken
fallen um
wie dominosteine.

nicht vorhandener augenblick

der anfang war ein augenblick.
am wasser.
ein intuitives händehalten folgte.
und klopfgeräusche am herzen.

das viertel waren freudsche erzählungen.
auf sitzgelegenheiten.
ein sich gewöhnen sollte passieren.
nähe in der ferne.

die mitte war ein tatort.
einer, der keine nähe brachte.
ein süßer milchschaum sagte
dinge, die noch nicht passierten.

das dreiviertel war der rest.
telefon, kürzer werdenden zeilen.
fragen, die nicht mehr gestellt werden.
verlegenes schweigen der augen.

das ende war umhüllt
von einem nie
vorhandenen augenblick.

ich kann mir nicht helfen

der flaneur erhebt den blick.
großverbrauch an nebel.
untergang des sonnenmannes.
überflüssig fühlen.

breitbeinig verfliegt
das 'born free' in
die tiefe des novembermorgens.
nüchternes geschrammel.

doch ich
kann mir kaum helfen:
ich liebe ihn.
diesen introvertierten
november.

ein philosophischer kopf,
der sich meinen sorgen
annimmt.
einer, der ihnen
relevanz verleiht.

dieser elegante schweiger
ermutigt mich zum
weiterfragen.
er lässt sich und mir zeit.
sein großes programm
ist gelassene dunkelheit.

er mag manchmal
hart
direkt
und täglich sein.
aber er ist gerecht.
zu jedem.

reicht mir morgens
ungefragt den ehrlichen
spiegel.
stellt diese unappetitlichen
grundsatzfragen als eine art
kritisches seelestudium.

an jedem versuch,
mit dem november
sich zu kleiden,
ist etwas dran:
ein krimi.

november ist wallfahrt.
ankommen bei mir.
ankleiden ist wie
entkleiden.

er wagt auszusprechen,
was viele fühlen.

der november.

er gibt
dem verlorenfühlen
eine schönheit und würde.

konjunktive liebe

würde er ihr sagen,
was er schon seit jahren
nicht mehr sagte,
dann würde sie es nicht
hören wollen.

wenn sie hören wollen würde,
was er schon seit jahren
nicht gesagt habe,
dann liebte sie ihn.

wenn sie ihn lieben würde,
dann wolle sie auch
hören, was er zu sagen habe.
doch er habe nichts mehr zu sagen.

und deswegen will sie nicht mehr hören,
was er zu sagen hat:
nämlich nichts.

dimebag

wenn irgendwann
der milchschaum
nicht mehr blubbert,
dann ist november.

abwarten.
schweigen.
angewurzeltsein.
betäubt sein.

polemisch druckst
der kaffee vor sich hin.
versucht ideen
zu erdrücken.

und doch,
auch ohne
süßen schaum,
ist dieser blick
die pure lust.

ein spiel.
ein quell.
ein ton.

ein stadtviertel.
ein schlendern.
ein stehenbleiben.

immer wieder
dieser augenblick.
gebannt, verwandt, gesandt.

ein flanieren.

scharlachroter ledermantel

seelenlos
unwirtlich
grau
sind
novembertage.

sie grüßen nicht zurück,
wenn du ihnen winkst.
novembertage
sind so schweigsam,
dass dein scharlachroter
ledermantel wie
ein sommermärchen
erscheint.

eine erinnerung für alle

eine erinnerung für alle
schmilzt wie die butter im krieg.
eine erinnerung für alle besitzt
eine geschlossene form.

sie belegt die biografie mit erlebnissen,
als wären diese pflastersteine,
die sorglos aneinandergereiht werden
könnten.

der gepflasterte platz,
der entsteht,
präsentiert sich kaum
mehr als ein gemeinplatz.

ohne glanz.
ohne eleganz.
ohne hingebung.
ohne würde.

erst wenn der hund gestromert kommt
und diesen platz mit einer sehr
hundischen geste zu seinem
platze macht, dann schwebt über
dieser erinnerung auch charakter.

sie wird wirklich.
sie wird gegenständlich.
sie wird riechbar.

und macht diesen
unwirtlichen gemeinplatz
zu einem zeugnis
der zuneigung.

albernes augenglitzern

ich atme ein und aus.
der schleier lichtet sich.
gehe einen schritt nach vorn.
sehe den kleinen fuchs
in deinen augen.

ein kleiner drache steigt nach oben.
getragen vom wind.
er lächelt uns an
in der sonne.

rollig grinsen wir.
blättern leise die seiten
des lebens um.

lauschen den buchstaben
und beobachten
gegenseitig unsere
bäuche beim atmen.

albern.
ungestellt.
famos
und zauberhaft
läutet das augenglitzern.

trotz unklarer dinge
kultiviert sich
gerade ein augenblick.

warten auf den wesenskern

innere wahrheit offenbart
eine klärung von welt.
die ansicht des sachverhalts
mäßigt de willigen charakter.

das warten
auf die nächste schlittenfahrt
bekundet ein seeliges blicken
auf die klopfgeräusche im herzen.

ein kratzen im ohr,
ein schleier im blick
verstellen das eintauchen
in vertonte ringelstrümpfe.

wahrhaftigkeit ist
niemals biegsam.
sie nimmt licht und schatten
gemäß der wartenden.

das warten mutet an
wie leises umblättern.
zwischen jenen lichtern und schatten,
da wartet der wesenskern.

wie eine gefühlscreme.

stille

manchmal ist das herz
wegen reparaturarbeiten
geschlossen.
dann benötigt
der künstler stille.
stille, die die tiefen
dieser welt hinaufsteigt,
um sich gehör zu verschaffen.
nur dann ist die zeit reif
für neues erleben.

wenn das leben
plötzlich schneller läuft,
dann entdeckt
die stille langsamkeit.
sie schreitet bedächtig
lebenslinien ab und
spricht dich immer
mit einem „du" an.

sie legt leidenschaftlich
ihre hand auf deine schulter
und fragt, wie du dich fühlst.
und selbst wenn du
nicht antwortest,
wird sie deine worte
in deinen augen lesen.

sie wird dich
in ihren bann ziehen,
du wirst dich
in sie verlieben und verlieren.

du wirst ein kribbeln spüren.
es erfüllt dein herz.
und es öffnet sich so weit,
wie es noch nie offen war.

und du?
du wirst
von deinem Stuhl aufstehen
und dein herzen wieder
öffnen.

Letzte Minute

Nur noch eine nacht.
bis zu unserer letzten minute.
nur noch eine wagemutige nacht.

Die letzte minute.
unangenehm.
unangepasst.
kaum kontrollierbar.
ein verwunden.

Die letzte minute.
ein verspotten.
eine galerie
der zerissenheit.

Die letzte minute.
eine machtvolle fiktion.
eine revolte
kaum denkbar.

Ich will
nur verweilen.
mit dir. in der
vorletzten minute.

herbstgedanken

es ist eine zeit,
da regen sich gedanken.
eine zeit,
in der das entsetzen verfliegt
und frieden sich einstellt.

wenn blätter beginnen,
liebevoll zu stottern,
wenn menschen nach
wohligem tee verlangen
und wolldecken wollen,
dann ist diese zeit da.

eine zeit,
in der das süße beharren
auf einen zärtlichen kuss
ein angemessenes tempo ist.

da wär' noch eine sache

ein zweideutiges schweigen
erfüllt die stille.
ein eindeutiger augenblick
bleibt angewurzelt stehen.

der geigerzähler schlägt aus.
knattert, rattert, knistert.
welch' sachliches lied!
ein widriges kratzen.

deutlich spüre ich,
wie es näherkommt
und in mich dringt.
bis es verstummt.

ein handbreit
von der seele entfert.
da stockt es.
da besinnt es sich.

hechelt plötzlich
zuneigung.
sorgt sich.
und zittert.

das leichte licht
umarmt das krächzen.
das laue lüftchen
ergreift das knistern.

locker schwingen gardinen.
besänftigt ist die seele.
und die wärme der sonne
murmelt grinsend:
"worauf wartest du noch?"

Fotos auf Vor- und Rückseite:
Doris Schwingenheuer, Unna 2011 ☺